운동없이 한 달 만에 10KG 빼기!

쏠딴

파주 헤이리 예술 마을에서 책방과 출판사 운영 중. 고혈압으로 죽고 싶지 않아 갑자기 식단 공부를 하고, 단백질 쉐이크를 사더니 3주 동안 식단 조절을 했다. 3주 동안 술은 3번 마시고, 운동은 하지 않고, 10Kg 감량을 하더니 갑자기 매우 즐거워졌다.

@sultans_book_cafe
http://blog.naver.com/fuha22
fuha22@naver.com

CONTENTS

1   D-1 (시작하기에 앞서)   4

2   첫 3일이 가장 중요하다   10

3   1주 차 (4일~7일)   16

4   2주 차   32

5   3주 차   40

6   마치며   52

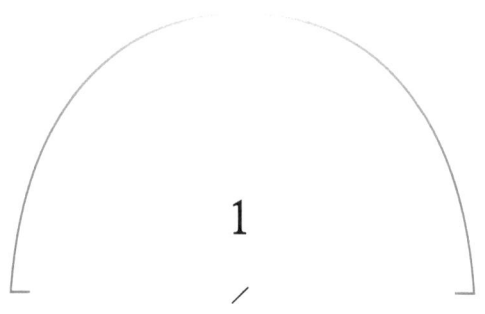

D-1 (시작하기에 앞서)

자. 내일부터 살을 빼야 하는 여러분께 심심찮은 위로의 말씀을 드린다. 각오 좀 하셔야 한다. 쉽지 않기 때문이다. 기존에 먹던 음식의 유혹을 견디는

일이 우선이고 끊임없이 먹방의 유혹도 참아야 한다. 그러나 우리가 살을 빼야 하는 이유는 굳이 언급하지 않아도 된다. 무조건 빼는 게 좋기 때문이다. 살 빠져서 건강해지는 건 당연한 일이고 그로 인한 자신감 상승과 뿌듯함은 안 해본 사람은 모른다. 그래서 이 책을 썼다. 어려운 다이어트 말고 쉽게 쉽게 따라만 하면 되는 다이어트. 해보니 되더라. 그러니까 한 번 해보자. 우선 해야 할 일이 있다. 동네 근처 보건소에 가면 인바디를 무료로 측정할 수 있다. 가서 본인의 인바디를 측정해야 한다. 현재 상태를 알아야 변화를 알 수 있기 때문이고 더 중요한 건 체중 감량이 목적이 아닌 정확하게는 체지방을 줄이는 것이 우리가 가야 할 길이기 때문이다. 그리고 궁극적으로 지방을 먼저 연소하게 만드는 체질로 개선하는 것이 최종 목표다. 이 부분을 명심해야 한다. 갑자기 살만 빼는 다이어트가 아닌 체질 개선. 그래야 우리가 흔히 말하는 요요현상이 쉽게 오지 않는다.

인바디를 측정하였다면, 핸드폰 메모장에 인바디 결과를 기록한다. 여러 가지 메모할 필요 없이 아래 3가지만 기록하자.

> 체중 : 94.3Kg
>
> 근육량 : 41.2Kg
>
> 체지방량(체지방율) : 22.1Kg(23.4%)
>
> (25년 6월 16일 측정한 수치이다)
>
> (혈압 151/111)

내가 그동안 얼마나 먹었는지는 중요하지 않다. 이제 빼면 되니까. 보통 남자의 경우 체지방량이 22-24% 정도 나올 것이다. 그보다 적다면 아주 건강한 편이다. 중요한 건 근육량과 지방량이다. 장담컨대 따라 하면 체지방이 빠진다. 준비되었다면 이제 시작해보자.

아차! 운동도 해야 하냐고? 하면 효과가 훨씬 좋아지지만, 나는 하지 않았다. 원래 가만히 앉아서 걷거나 뛰는 거 좋아하지도 않고 지루해서 못하기 때문이다. 특히나 근력운동이라고 하는 건 태어나서 한 번도 안해 보았다. 그러나 나처럼 하기 싫다면 식단에 집중하자. 그것만으로도 놀라운 시간이 올 테니까.

또 한 가지 할 일이 있다. 단백질 쉐이크를 사는 일이다. 아무거나 사도 좋지만, 반드시 무가당을 사야 한다. 우리에게 3주 동안 가장 극단의 적은 설탕이다. 설탕을 대신한 대체 감미료도 포함이다. 무가당 단백질 쉐이크. 매일 어딘가로 가서 일을 한다면 1회분으로 포장된 제품을 추천하고, 그렇지 않다면 통으로 된 제품이 더 저렴하다. 그리고 무가당 두유를 산다. 두유도 반드시 무가당으로 사야 한다. 두유에 쉐이크를 섞어서 먹어야 하니 작은 통하나 있으면 된다. 참 쉽다. 자! 이제 준비는 끝났다.

눈을 감고, 내가 체지방을 줄인 후에 들어간 배와 옷태가 살아나는 상상을 하자. 생각만 해도 흐뭇해지지 않는가. 3주만 하면 된다. 이제 같이 시작해 보자.

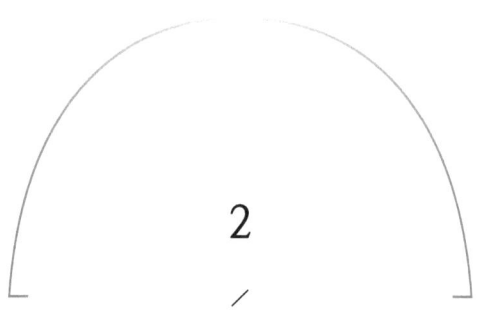

2

첫 3일이 가장 중요하다

환영한다. 오늘부터 시작이다. 첫 3일은 단백질 쉐이크만 먹는다. 물은 드셔도 된다. 다른 건 먹지도 마시지도 말아야 한다. 아침, 점심, 점심 3시경, 저녁 하루 4번 단백질 쉐이크만 먹는다. 커피는 우선 3일만 참자. 무조건 3일은 단백질 쉐이크만 먹고 배고프면 물을 마신다. 3일 동안 몸에 어떠한 변화도 안 나타난다. 그러나 명심하셔라. 몸에서 주인이 이상한 걸 먹는다는 걸 눈치채기 시작한다. 먹은 게 없으니까 2일 동안은 화장실 가고 싶은 마음도 들지 않을 것이다. 그러나 우리의 장기는 준비 태세를 한다.

'주인이 이상한 걸 먹는데 준비해라.'

3일 차까지 버티고 나면(개인차가 좀

있겠지만) 화장실을 가고 싶은 마음이 들 것이다. 그러나 이전처럼 배가 아프거나 강력한 반응이 아닌 뜨뜻미지근한 반응이 온다. 화장실을 가야 하나? 하는 마음이 살짝 드는 정도. 그리고 2-3일 만에 처음으로 변을 보면, 사람마다 경미한 차이가 있겠지만 태어나서 처음 보는 광경을 보게 될 것이다. 책이니 구체적으로 언급은 하지 않겠다. 황금빛 응가다!! 반짝 반짝이는. 그리고 그 굵기란? 원더풀. 부라보!!! 사진 찍고 싶은 욕구가 들겠지만 추천하진 않는다. 사람은 무엇을 먹느냐에 따라 몸이 바뀐다. 장에선 그동안 쌓여있

던 많은 것들이 쏟아져 나올 것이다. 축하한다. 첫 번째 관문을 통과했다.

보통의 경우 3일 차, 대부분 2-3Kg 정도의 감량이 나타난다. 먹은 게 없으니 당연한 일. 그리고 근육도 빠진다. 근육 속에 수분이 빠지니까 당연한 이야기겠다. 근육도 빠지고 수분도 빠지고 지방도 빠진다. 몸은 생각보다 가벼워진 느낌. 체중계 올라설 때 살짝 설렌다. 어! 빠졌네.

3일 후, 우리는 다시 보건소에 찾아가서 인사를 드려야 한다. 수치가 변화하는 것을 봐야 동기부여가 되기 때문이다. 거의 모든 수치가 빠져있을 것이다. 특히 체지방량이 빠진 숫자를 확인하라. 그리고 그 수치를 다시 핸드폰에 기록한다.

> 체중 91.3Kg(이전 대비 −3Kg)
> 근육 40.4Kg(이전 대비 −0.8Kg)
> 체지방(율) 20.5Kg(22.4%)
> (이전 대비 −1.6Kg, −1%)
> 6월 26일 측정(식단 조절은 6월 23일부터)

3일 동안 수고하셨다. 나와 비슷하게 수치가 나왔다면 정말 거의 성공했다. 시작이 반이라고 50%는 한 것이다. 그동안 참은 내가 대견하기도 하고, 뿌듯해진 나를 보게 될 것이다. 그러나 아직 눈으로 보는 몸은 크게 변화를 느끼지 못할 것이다. 인바디보다 정확한 건 눈바디인데 눈바디가 정확한 경우가 많다. 미세하게 빠지는 건 눈이 가장 정확하기 때문이다.

우리가 지금 하고자 하는 식단 3주 21일 중, 3일을 견디었고, 이제 지긋지긋한 쉐이크뿐만 아니라 밥을 먹을 수 있다. 오! 마이 갓! 밥이라니.

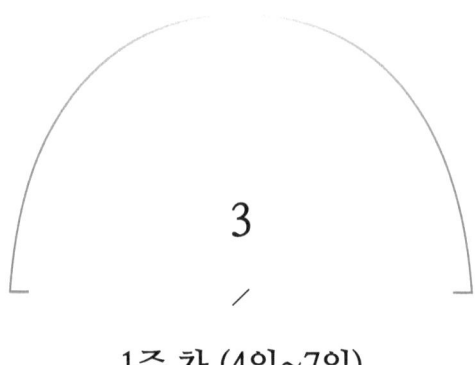

3

1주 차 (4일~7일)

　아침은 역시나 단백질 쉐이크만 먹는다. 3주간 저녁 식사는 되도록 6-7시 사이에 끝내는 것이 좋다. 다음 공복까지 시간을 늘리기 위한 것이다. 이를 보통 간헐적 단식이라고 하는데, 공복의 시간을 늘릴수록 지방 연소가 잘 되기 때문이다. 계속 그럴 필요는 없으니 3주간만 참아보자. 일찍 먹고 집중할 만한 것을 하면, 효과가 배가 된다. TV나 핸드폰은 추천하지 않는다. 배가 고플 때는 먹는 방송밖에 안 보이기 때문이다. 그러면 못 참고 입이 터질 수 있다. 차라리 산책을 나가거나 게임을 한다든지 하면서 집중할 수 있는 걸 찾는 게 좋겠다. 되도록 일찍 주무시는 것도 추천한다. 참다가 밤 11시에 라면 끓이면 그동안 시간이 너무 아깝다. 참으시라. 1주 차엔 이젠 가벼운 음료도 드셔도 된다. 특히나 커피는 아메리카노 위주로 한 잔씩은 편하게 드시길 바란다. 다만 과일 주스류, 감미료와 설탕 당이 들어간 음료는 절대 안된다. 당과 탄수화물은 에너지로 사용되지 않으면 바로 지방으로 축적된다.

 점심은 이제 드시고 싶은 걸 마음껏 식사하셔도 된다. 얼마나 다행인가? 드디어 밥을. 김치도. 양껏 드셔도 되고, 특히나 고기류도 행복하게 드셔도 된다. 한식 뷔페가 근처에 있다면 놀랍도록 눈물지으면서 식사를 즐기는 것도 좋겠다. 물론 밥은 백미보다는 여러 가지가 섞인 밥이 좋고, 원래 밥 한 공기

양이라면 1/3 정도 양을 줄인다면 조금 더 효과적이다. 반찬을 많이 먹으면 되니까 결국 먹는 양은 비슷해지고, 먹다 보면 자연스럽게 먹는 습관이 좀 만들어진다. 해보니까 거의 그랬다. 점심 3, 4시경엔 단백질 쉐이크를 한 잔씩 드시는 것도 좋다. 원래 밥으로 3끼였던 음식량이 아침에 쉐이크로 바꾸니 전체적인 음식량이 줄어 허기가 자주 진다. 그래서 오후 3시경에 단백질 쉐이크를 한 잔 더 하는 것이다. 공복을 줄이기에 좋은 방법이다. 저녁엔 단백질 쉐이크가 가장 좋은 방법이긴 하지만, 하루 한 끼 식사가 어렵다면 저녁에도 식사하

되 건강 식단으로 바꿔보시면 좋다. 해산물, 샐러드, 닭고기, 오리 등을 추천한다. 육류는 되도록 수육 형태가 가장 좋고, 어렵다면 굽는 방식이 좋다. 튀긴 요리는 당분간 자제한다. 특히 치킨은 모든 3주간의 시간이 지나고 먹는다. 그리고 탄수화물은 의도적으로 최소한. 아니면 안 드시는 걸 추천한다. 저녁 음식을 일부러 찾아서 만들어 먹기가 쉽지 않지만 내가 먹는 음식을 내가 고민해서 준비하는 것만으로도 많은 변화를 느낄 수 있다.

나는 술 매니아다. 좋은 말로 애주가.

부산 사투리로 초빼이라고 한다. 거의 모든 종류의 술을 즐기고, 그 양도 엄청나다. 술만 먹는 것도 아니니, 안주랑 곁들여 그동안의 식습관이 얼마나 엉망이었을지 상상만 해도 놀랍다. 특히나 발효주를 좋아했는데 막걸리, 맥주, 와인은 술고래가 따로 없을 정도로 즐기고 마셨다.

 나 같은 애주가를 위한 방법도 있다. 술 좋아하시는 분들이라면 눈이 번쩍 뜨일 것이다. 논알콜 맥주를 대체재로 삼는 것인데, 논알콜은 두 종류가 있다. 하나는 캔에 0.0이라고 적힌 것과 0.00이라고 적힌 것이다. 둘 다 논알콜은 맞지만, 0.0은 알코올 1% 미만으로 지방과 탄수화물이 꽤 들어가 있고 칼로리도 좀 나간다. 120까지 나가는 종류도 있다. 이 제품은 추천하지 않는다. 0.00은 칼로리도 없으며 탄수화물은 극소량 그리고 심지어 식이섬유까지 들어가 있다. 우리나라엔 한 종류밖에 없으니 인터넷으로 구매하면 가격도 착하고, 용량도 다양해서 개인 취향에 맞춰 골라서 마실 수 있다. 더운 여름에 마시면 큰 차이를 느끼지 못할 정도다. 알코올도 없이 무슨 술이야 하시겠지만 드셔보면 안다. 술 대체재로 적합하다. 본인은 3주간의 대 장정 동안 어쩔 수 없는 선약이 있어 딱 3번 술을 마신 적이 있다. 마시는 양이 꽤 되었지만 체지방 감량에는 크게 무리는 없었다. 다만, 실제 술을 마셨다면 다음날은 되도록 탄수화물 섭취를 줄이고 단백질 쉐이크나 물을 아주 많이 마셔서 빨리 중화를 시키는 것이 좋다. 그동안은 과도한 술에 이어 다음날 숙취를 핑계 삼아 국물에 밥을 말아 먹고 콜라로 입가심하는 루틴이 반복되니 더욱더 지방이 축적되었다. 다음 날 탄수화물을 먹지 않으면 대부분 지방으로 축적되기 전에 연소된다. 대부분 1주 차의 시간을 견디기 힘들어하지만, 이 시간을 견디면 놀랍도록 변화가 온다. 조금만 참자. 그 결과는 바로 인바디에서 나타난다.

> 체중 89.3Kg(누적 대비 −5Kg)
>
> 근력 39.7Kg(누적대비 −1.5Kg)
>
> 체지방(율) 19.4(21.8%)
>
> (누적대비 −2.7Kg, −1.6%)

 눈에 띄게 수치가 감소하는 게 보이면 동기부여도 되고 마음도 뿌듯해진다. 주변에 자랑하고 싶은 마음이 들게 된다. 이때 자랑스럽게 주변에 공개하는 것이 좋다. 사실 식단을 시작하면서 가장 좋은 방법은 몇몇 친한 친구들과

의 단톡방에 매일 아침에 변하는 체중을 공유하는 것이 가장 좋다. 나 같은 경우는 아예 체중계 사진을 공유했다. 그보다 더 좋은 건 그 친구들과 처음부터 식단을 같이 하는 것이다. 그러면 자연스럽게 서로 경쟁도 되고 동기부여도 되기 때문에 효과가 좋다. 원래 혼자 하는 싸움은 지겹고 지루하지만, 같이 하면 재미있고 특히나 친구들보다 효과가 좋다면 더 열심히 하게 되기 때문에 반드시 추천한다.

친구들과 3주간 목표 체중을 두고 내기를 해도 좋겠다. 조금 부담되는 내기를 하면 자극도 되고, 이기고 싶은 마음이 내 건강을 더욱 빠르게 회복시켜 줄 것이다. 목표치에 가장 부족한 친구가 3주 차 끝내고 저녁 수육 사기. 뭐 그 정도 좋겠다. 그리고 부부가 함께 식단을 시작하는 경우도 생각해 볼 수 있는데, 보통 남자와 여자의 체력, 체격 차이, 그리고 결정적으로 근육의 양과 구성이 달라 쉽지 않다. 그래서 여성분들의 다이어트 성공 확률이 떨어지는 경우가 많다.

이제 1주 차가 끝났다. 이제 배는 살짝 눈으로 보기에도 들어간 듯할 것이고, 그전엔 부담스럽던 셔츠가 살짝 느슨해진 느낌이 올 것이다. 그것만 해도 얼마나 즐거운가? 여름에 배를 가리려고 입었던 조끼하며, 가방을 앞으로 가리는 습관이 이젠 필요 없어질지도 모를 일이라면 못 할 것도 없지 않은가? 특히나 남자라면 살이 찌는 동안 주로 나타나는 현상이 있다. 음식을 씹을 때 입속볼을 씹는다든지, - 이 부분에서 놀라움을 나타낸 분들이 계신다면, 맞다. 그 현상은 살이 쪄서 생기는 현상이다. 살 빠지면 일부러 깨물려고 해도 안 된다. 속옷 밴드가 계속 말린다든지, 배가 나오니까 밴드 부분이 계속 접히게 된다. 술 마시면 집이 떠나가라 코를 골게 되는데. 모두 다 살이 찌면서 심해지는 증상이다. 얼굴에 뾰루지가 나거나, 몸이 가렵다고 느껴지는 것도 모두가 같은 현상이다. 살이 빠지면서 모두 해결된다.

또한 밀가루가 식단에서 아주 중요하다. 이미 1주간 밀가루 – 밥은 쌀이다. – 를 끊으면 놀라운 현상이 몇 가지 나타나는데 얼굴이 매우 매끄러워지고, 장이 편안해지며, 소화 기능이 향상된다. 이건 밀가루를 끊어본 사람이라면 누구나 공감하는 이야기이지만. 우리가 살면서 밀가루를 끊는다는 건, 눈을 감고 살겠다는 것과 비슷하기 때문에 매우 어렵다. 그래서 딱 3주만 하자는 것이다. 딱 3주만 참으면 된다. 어차피 평생 먹어왔고, 앞으로도 평생 먹을 건데. 3주만 참으면 큰 행복으로 다가온다.

라면, 국수, 빵, 스파게티, 피자 등 다른 건 뭐 예를 들 것도 없다. 이 음식들은 대한민국의 주식이며 우리가 가장 좋아하는 음식이거니와 Soul food라고 해도 비약이 아니다. 그러나, 우리는 이 영혼의 음식을 딱 3주만 참기로 한다. 참는 게 왜 중요하냐면 1주를 잘 참고,

나도 모르게 유튜브를 보다가 마침 야식 라면 영상을 보고 딱 하나만 먹는 순간. 먹었다는 그 수치심과 나와의 약속을 지키지 못했다는 실패감 때문에 모든 것이 실패할 가능성이 매우 많아지기 때문이다. 우리는 건강하게 오래 살기 위해서 지금 이 고난을 겪는 것이지, 나를 학대하고 더욱 광폭 질주를 하기 위해서 하는 것이 아니다. 라면을 먹었다면 깔끔하게 인정하고, 다음 날 탄수화물을 최대한 줄이고, 물을 많이 마시고 하루를 보내면 대부분 제자리로 돌아온다. 먹는 게 중요한 게 아니다. 나를 보살피고 유지하고 꾸준하게 하려는 내 계획이 중요한 것이다. 명심하자. 그러나 역시 안 먹는 것이 가장 좋다. 딱 3주간은 말이다.

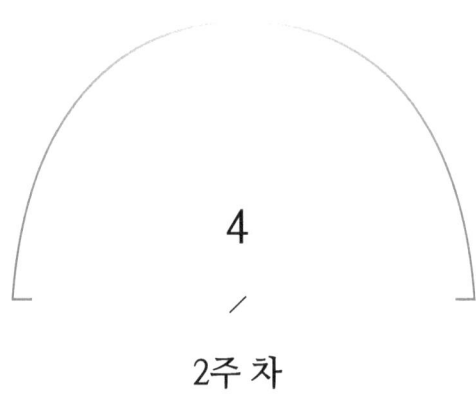

4
2주 차

　2주 차. 환영한다. 잘 참았다. 그러나 아직 우리에겐 2주라는 시간이 더 남았다. 역시나 비슷한 식단을 시작한다. 아침엔 단백질 쉐이크를 마신다. 점심엔 마음껏 식사하고, 1주 차와 비슷하거나 조금 더 먹어도 괜찮다. 바뀐 건 오직 하나. 간헐적 단식을 시도해 본다. 예를 들면, 아침에 단백질 쉐이크건 식사건 8시에 했다고 하면 점심 먹고 저녁을 먹을 때, 최대한 빨리 먹는 것이다. 저녁 6시에 먹었으면, 그 이후엔 안 먹는 것. 이것이 중요하다. 그리고 그 공복이 다음 날 아침 8시까지 버티고 다시 아침을 먹는다면 그것이 간헐적 단식이다. 이것을 검색해서 찾아보면 14:10 단식이라고 한다. 14시간을 공복하고 10시간 내 식사를 하는 것. 더 좋은 건 16:8이라고 하고. 당연히 18:6이 더욱 좋지만 그것은 곧 하루에 두 끼 정도만 먹는다는 의미다.

우리가 보통 연예인들을 선망의 대상으로 보고, 그 아름다움과 그로 인한 부에 매우 부러워하지만, 정작 연예인은 그 돈으로 우리처럼 마음껏 먹고 마시지 않는다. 오히려 극소량의 음식을 먹고 미치도록 운동을 한다. 체지방량이 보통 15% 미만이면 전문 운동선수의 체지방량이며, 10% 미만이라면 보디빌더 수준의 운동량을 가지고 유지하는 수준이다. 우리에겐 넘을 수 없는 벽이다. 너무 욕심내지 말자. 이 책을 읽는 분 중에 20대라면 노려볼만하겠지만 추천하지 않는다. 우리는 생업과 일상을 사는 아주 평범한 개인이며 우리는 가끔 매우 먹고 싶은 것을 먹고, 마시고 싶은 것을 마시고 사는 보통의 사람들이기 때문이다.

다시 간헐적 단식으로 돌아와서, 2주차 때는 적어도 하루는 해야 한다. 막상 해보면 할 만 하고, 12시간을 목표로 했다가 참을 만하면 14시간, 16시간으로 늘려봐도 좋다. 이왕 하는 거라면 하루 단식도 매우 효과 있다. 몸이 엄청 가벼워짐을 느끼게 될 것이다. 단식은 단순

히 식사를 굶고 견디는 시간이 아니라 몸을 회복하는 시간이다. 돌아보면 그동안 우리는 쉴 새 없이 몸에 음식을 몰아넣었다. 아침엔 해장한다고 얼큰한 부대찌개를 먹었고 술이 깨지 않아 숙취해소제를 먹고 점심때 얼큰한 국밥 혹은 얼큰 칼국수 같은 것을 먹었다. 저녁엔 갑자기 생긴 약속으로 또 소맥에 삼겹살로 배를 채웠다. 배가 쉴 새가 없었다. 그뿐인가? 먹은 술이 올라와 집에 와서 얼큰한 라면을 끓인다. 그리고 잠이 든다. 퍼펙트한 하루다. 그 정도면 못해도 하루에 4,000칼로리 정도를 쉴 새 없이 몸에 넣은 것이고, 우리의 하루

적정 칼로리는 대략 1,800-2,000수준이다. 이렇게 과도하게 투하된 음식에 몸은 어떻게 할 방법이 없어서 모조리 지방으로 차곡차곡 축적해 둔 것이 지금의 몸이다.

우리 몸의 신진대사는 매우 과학적이어서 하루만 음식이 들어가지 않으면 몸의 상태를 매우 급속도로 정상으로 돌리게 한다. 다시 한번 강조하지만, 우리는 체질을 개선하는 것이 최종 목적이다. 잠시 체중 몇 Kg 빠지는 게 중요한 게 아니다. 지방을 먼저 태우게 하는 몸을 만드는 일. 그리고 가끔 폭식 혹은 과음, 과도한 음식이 들어가도 이전 몸처럼 반응하지 않게 만드는 것이 우리가 가야 할 길이다. 그래도 2주 차까지 잘 따라왔으면 거의 다 성공이다. 이제 몸은 많이 가벼워졌을 것이고, 눈치 빠른 사람들이 살 빠진 걸 알아채기 시작했을 것이고. 무엇보다 얼굴빛이 좋아졌다고 할 것이다. 나는 2주 만에 만난 거래처 손님이 이렇게 이야기했다.

"목욕 다녀오셨나 봐요."

얼굴이 뽀얘졌다는 것을 말하는 매우 고급스러운 표현이었는데 어떠한 말보다 기분이 좋았다. 체중 감량은 덤이고 밀가루를 먹지 않으면 자연스럽게 나타나는 현상이다. 화장실 갈 때마다 기분이 아주 좋을 것이고, 얼굴과 몸에 뾰루지가 나지 않는 것도 생각지도 못한 긍정의 결과물이다.

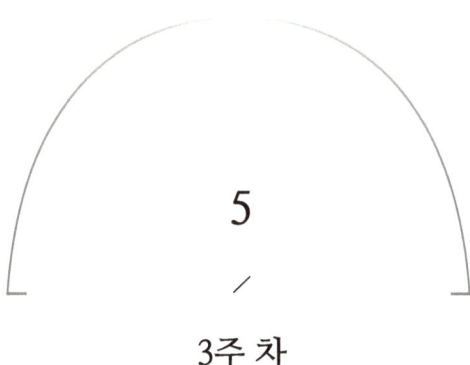

5 / 3주 차

인바디를 체크하자.

> 체중 88Kg(처음 대비 −6.3Kg)
> 근육 40Kg(처음 대비 −1.2Kg)
> 체지방(율) 17.6Kg(20%)
> (처음 대비 −4.5Kg, −3.4%)

체지방량이 20%로 떨어졌다. 근육량은 줄지 않았다. 이제 어느 정도 균형이 맞춰진 느낌이지만 조금 아쉽다. 체중과 체지방이 조금 더 빠지면 좋을 거 같다. 그러나 걱정하지 말자. 이 상태에서 유지되지 않고, 더 빠진다. 이미 몸이 적응을 어느 정도 했기 때문이고, 우리는 3주 차 식단만 잘 맞춰주면 된다. 2주 동안 먹고 싶었던 많은 것들을 이제 곧 맛볼 수 있다. 한 주만 더 고생하자.

3주 차는 여전히 아침엔 단백질 쉐이크를 먹는다. 점심땐 마음껏 식사하고 저녁엔 단백질 위주 식단으로 최대한 노력한다. 역시나 술도 한 주만 참자. 커피나 차 등은 괜찮고, 배고프면 단백질 쉐이크를 한 잔씩 더하도록 하자.

  3주 차엔 2주 차에 했던 간헐적 단식을 이틀 동안 한다. 14:10 정도가 적당하다. 가능하면 16:8까지도 해본다. 2주 차까지 해봤는데 한 주 더 못할 이유가 없다. 할수록 더 효과가 좋아지기 때문에 적극 시도하는 것이 좋다. 업무량이 많지 않거나 집중할 일이 있다면 하루 단식도 과감하게 실천해 본다. 물과 커피 등 가벼운 음료 등만 마신다. 절대로 금물은 당류가 들어간 음료다. 편의점에 가면 0칼로리 제품들이 엄청 많지만, 설탕 대체 감미료가 대부분 들어가 있다. 되도록 멀리하는 것이 좋다. 한 주만 참도록 하자.

  나는 제로 콜라도 누구 못지않게 많이 마셨는데, 감미료가 건강에 해롭거나 그렇지 않다의 문제가 아니라 그런 류의 음료를 멀리하는 것이 건강에 좋다고 생각해야 한다. 굳이 탄산음료가 당긴다면, 탄산수로 바꾸고, 애플 식초 사이다 등의 음료로 바꾸면 효과가 있다. 달콤한 탄산의 맛은 그대로이나, 칼로리와 당 걱정이 없고, 식초 성분이 몸을 더욱 활성화시킨다.

어느 철학자가 그런 이야기를 했다.

"네가 먹는 것을 말해봐라. 네가 누구인지 알려주겠다." 원래 표현이 이와 같진 않지만, 비슷한 맥락이다. 우리가 무엇을 먹느냐가 곧 우리의 몸이고 나 자신이다. 우리는 건강하게 오래 살려고 지금 노력하는 것이다. 한 달 뒤에 병상에 누워 있을 거면 굳이 돈을 많이 벌지 않아도 된다. 물론 병원비를 낼 정도는 되어야 하겠지만, 죽음은 생각보다 가까이 있고, 그 삶을 건강하게 유지하는 것이 우리의 마지막 목적 아닌가.

돈을 많이 벌면 원 없이 먹고 싶은 것

을 먹겠다는 사람이 종종 있지만, 그 음식이라는 것이 몸에 아무런 도움도 안 되는 쓰레기 음식이라면 무슨 의미가 있겠는가? 그리고 쓰레기 음식일수록 우리 가까이에 있고 가성비가 좋다는 걸 잊지 말아야 한다. 가장 쉽게 접하고 식욕을 돋우고 얼큰하고 자극적인 음식이 당장은 내 스트레스를 풀어주는 듯하지만 결국 몸엔 독약처럼 작용한다.

　나는 체육관이나 Gym 등에서 운동하는 것을 싫어한다. 그렇다고 운동 자체를 싫어하는 것은 아니다. 소싯적엔 공 가지고 하는 운동에 진심이었고 군

대에 있을 때는 족구로 휴가를 6번이나 나온 나름 중대 대표선수였다. 이번 식단 조절하면서 크게 깨달은 바가 있는데, 모든 몸은 부모로부터 받은 몸이 내 기본 세팅 값이다. 나머진 후천적으로 만들어간다. 어릴 때 했던 족구는 내 몸에 기본적으로 근육을 장착해 주었다. 이때 생긴 근육이 나이 들어 내 몸을 버티게 해주었고, 그 근육이 내가 힘들 때 정신줄을 놓지 않도록 든든한 버팀목이 되어 주었다. 그리고 그 근육으로 인해 작은 자극으로도 몸이 반응하게 만들었던 것이다.

 어릴 때 운동을 좋아하지 않거나 천

성적으로 움직이는 걸 싫어한다면, 지금부터라도 몸을 쓰는 연습을 해야 한다. 그래야 지금 예측보다 조금 더 건강하게 오래 살 수 있다. 근육이 없으면 나이가 들수록 근육은 더욱 소실되며 지방은 더 연소가 안 되고 먹는 족족 지방으로 축적되기 때문이다.

 체육관이나 Gym이 어렵다면 가까운 곳은 걷고, 계단은 오르고 버스 한두 정거장을 걷기만 해도 인생이 바뀌기 시작한다. 걸으면 보이는 것들이 생각보다 많다. 걸을 때 생각도 가장 활성화되고 골치였던 문제를 해결할 방안이 불

시에 떠오르기도 한다. 가장 좋은 건 매일 꾸준하게 움직이는 것인데, 그것은 본인의 상황과 체력에 따라 조금씩 실천해 보는 것이 중요하다.

중간에 술을 마셨거나, 잠시 회식 때문에 어쩔 수 없이 삼겹살에 밥을 볶아 먹었거나 친구가 너무 힘들다고 해서 위로한다면서 와인에 파스타를 잔뜩 먹었다고 치자. 움찔하신 분들이 꽤 계실 것이다. 당연하다. 우리는 혼자 사는 것이 아니라 끊임없는 사회생활과 인간관계를 가지고 사는 존재이기 때문에 어쩔 수 없다. 이럴 때 좌절감이나 스

스로를 질책할 필요는 없다. 어쩔 수 없다고 생각하고, 이번 주 식단을 다시 시작한다고 생각하자. 어제 너무 많이 먹었으면 오늘 다 뺀다고 생각하면 된다. 탄수화물 섭취를 줄이고 물을 마시고, 단백질 위주로 식사를 하자.

몸은 바로 균형을 찾는다. 문제는 이틀째 그런 식단이 유지되고, 몰아서 음식이 들어갔을 때, 그동안 해왔던 것을 포기하게 되는 경우다. 에이. 나는 안되겠어. 그러나 3주간 해왔던 시간과 그동안 내 몸에서 빠져나간 지방을 생각하자. 지방 2Kg이 빠졌다면 그 지방을 머릿속으로 어떤 모습일지 상상해 보자. 노란색의 그 경악스러운 내장지방 2Kg. 상당한 양이다. 내가 3주간 몸에서 빼낸 지방의 모습은 상상만 해도 경악스럽다. 저런 게 내 몸 안에 있었다는 게 믿어지지 않는다. 어떻게 빠져나갔지? 아마 인지하기 쉽지 않지만 평소보다 소변이 자주 마려웠을 것이고, 조금만 움직여도 식은땀이 났을 것이며 이상하게 피로감이 더 들었을 것이다.

그 와중에 지방은 계속 땀과 소변을 통해 빠져나갔다. 아주 조금씩 그러나 매우 많이. 그러니 포기하지 말자. 이제 고지가 눈앞이다. 3주만 참으면 되는 일이다. 중간에 잠깐 샛길로 빠졌다고 해도 우리는 갈 길을 간다. 3주 차까지만 마무리하자. 이제 고지가 눈앞이다.

6

마치며

그동안 수고하셨다. 3주 차까지 그 어려운 식단을 유지하고 견디고 참았다. 나는 정신적으로 이전의 그대로의 나지만 이젠 시작하기 전의 나의 모습은 이전의 내가 아니다. 몸은 체질이 개선되었고, 지방이 먼저 연소하는 몸으로 바뀌었다. 생각보다 안 빠졌거나 예상만큼의 결과가 나오지 않을 수도 있다.

그러나 걱정하지 마시라. 중요한 건 내가 내 몸을 위해서 어떤 노력을 했다는 것이고, 앞에서 하는 대로 꾸준하게 했다면 분명히 10Kg이 감량되었을 것이다. 내가 그랬으니 말이다.

3주 차를 마치고 한 주 유지하면서 체크한 인바디 결과다.

> 체중 85.5Kg(처음 대비 −8.8Kg)
>
> 근육 39.2Kg(처음 대비 −2Kg)
>
> 체지방(율) 16.4Kg(19.2%)
>
> (처음 대비 −5.7Kg, −4.2%)
>
> (혈압 78/119)

모처럼 친구들과 약속을 잡는다. 별 이야기하지 않아도, 바로 알아본다. 왜냐하면 얼굴은 크게 변하지 않을 수도 있지만 전체적으로 슬림해진 몸은 바로 티가 난다. 전체적으로 라인이 바뀌는 것이다. 특히 멀리서 걸어오는 모습은 어! 뭐야! 할 정도로 티가 난다. 몸에서 그 정도 빠져나갔기 때문이고, 특히 지방이 빠졌기 때문이다. 배가 이제 불룩하지 않아 셔츠 입기도 편해졌을 것이다. 허리가 헐렁해졌고, 예전 옷을 다시 꺼내 입어봐도 부담이 없다. 조금 끼이는 옷도 소화가 된다. 이 얼마나 기쁜 일인가? 이 모습을 위해 우리는 3주 동안 고난의 시간을 참고 견딘 것이다. 충분한 보람이 있다.

우리 집안은 대대로 뇌혈관 질환으로 돌아가셨다. 옛날 어른들 말로 풍이다. 우리 집안도 아버지 형님 모두 고혈압 약을 드신다. 식단을 시작하기 전에 나는 고혈압 전 단계 진단을 받았다. 의사 선생님이 아직은 약 처방은 하지 않겠지만 위험하다고 했었다. 3주가 지나고 나는 완벽하게 혈압이 정상으로 돌아왔다. 4층 정도는 숨 가쁨 없이 거뜬하게 오르내리고, 강아지와 가볍게 뛸 때도 부담이 없다.

 나이 들면 근육 1Kg에 천만 원이라는 말이 있다. 지방도 1kg 빼는데 천만 원 정도 한다고 본다. 그만큼 빼기 힘들다는 말인데, 우리는 근육은 유지하고, 지방을 뺐으니 누구도 부럽지 않은 몸 부자다. 보디빌더처럼 극단적인 체지방을 빼진 않았지만 몸에 좋은 음식을 공급하고 그 몸이 지방을 태우게 만드는 시스템을 갖춘 것만으로도 매우 즐겁다.

  3주 차를 마치고 4주 차를 지나서는 유지를 해야 한다. 몸은 평생 관리하는 것이기 때문이다. 나는 3주 차 이후 다시 좋아하는 술을 마시기 시작했다. 다만 바뀐 것이 있다. 집에서 혼자 마실 때는 논알콜 맥주로 바꿨고, 약속이 있을 때는 발효주보단 소주로 바꿨다. 그 좋아하던 와인도 달콤한 와인보다는 쇼비뇽 블랑류 드라이한 와인으로 갈아

탔다. 막걸리 광이었고 심지어 나중에 막걸리 양조장이 꿈인 내가 그동안 막걸리는 한 잔도 입에 대지 않았다. 막걸리는 그야말로 탄수화물 집합체이기 때문이고, 막걸리 안주는 대부분 기름진 밀가루 음식이기 때문이다.

그동안 한 번도 얼굴에 뾰루지가 난 적이 없고, 화장실에서 매우 웅장한? 결과물을 보고, 탄산음료는 대체했고, 전날 과음했으면 다음 날은 단백질 쉐이크나 탄수화물 섭취를 줄여서 체중계로 숫자를 확인한다. 중요한 건, 지금까지 노력한 걸 물거품으로 만들고 싶지 않아서이고 건강한 내 몸을 오랫동안 간직하고 싶어서이다.

이 글을 쓰는 동안도 매일 84-85Kg를 유지하고 있고, 음식을 가리며, 특히 저녁에 술이 고프면 논알콜 맥주에 골뱅이 무침에 두부 면으로 대체한다. 드셔보면 알겠지만 밀가루 식감까진 안 되지만 충분히 먹을 만하고 속이 얼마나 편안해지는지 다음날 일어나보면 알게 된다. 어지간한 피로감도 느껴지지 않고, 잠을 못 자도 피로도가 올라오지 않는다. 모두 다 몸이 변했기 때문이다. 건강하게 내 일을 할 수 있는 최적의 상태가 만들어졌기 때문이고, 그 결과로 이렇게 책으로까지 출간하게 된 것이니 이 얼마나 좋은 현상인가.

　94Kg의 덩치 크고 배 나온 아저씨가 3주 만에 식단으로 체중을 조절하고 건강한 몸을 만든 일로 나는 또 한 번의 재미있는 인생을 살 준비가 끝났다. 이 글을 읽는 여러분들도 나와 비슷한 경험으로 제2의 인생을 즐기시길 바란다. 그리고 그 결과를 친구들에게 마음껏 자랑하고 오늘도 버스 정거장 한두 정거장쯤 그냥 웃으면서 걸어보자.

　모두 다 내 인생을 위한 것이 아닌가.

모두의 건투를 빈다.

· 인바디 측정

구분	체중	골격근량	체지방량	체지방률	비고
06-16	94.3	41.2	22.1	23.4%	
06-26	91.3	40.4	20.5	22.4%	▷ 식단관리 시작 6/23
06-30	89.3	39.7	19.4	21.8%	
변화	-2.0	-0.7	-1.1	-0.6%	
07-07	88.0	40.0	17.6	20.0%	
변화	-1.3	0.3	-1.8	-1.8%	
07-14	86.9	39.1	17.8	20.4%	
변화	-1.1	-0.9	0.2	0.4%	
07-21	85.5	39.2	16.4	19.2%	
변화	-1.4	0.1	-1.4	-1.2%	
시작대비	-8.8	-2.0	-5.7	-4.2%	
08-29	84.0	38.9	15.0	17.8%	
변화	-1.5	-0.3	-1.4	-1.4%	
시작대비	-10.3	-2.3	-7.1	-5.6%	

지구 소확행 시리즈 출간 예정

지구 소확행 시리즈 A

- 하루 5분 A.I 챌린지
(A.I랑 놀면서 고수되기)

지구 소확행 시리즈 B

- 책방 창업 체크 리스트
(따라면 하면 되는 쉬운 책방 창업)

지구 소확행 시리즈 D(Diet)

운동없이 한 달 만에 10KG 빼기!
- 따라면 하면 되는 쉬운 다이어트 -

1쇄 발행 2025년 9월 29일
지은이 쑬딴
펴낸이 김영경
펴낸곳 쑬딴스북
표지 디자인 이지선
인디자인 인지예

출판등록 제2021-000088호(2021년 6월 22일)
주소 경기도 파주시 탄현면 헤이리마을길 82-91 B동 202호
이메일 fuha22@naver.com

ISBN 979-11-94047-15-5

* 이 책은 저작권법에 따라 보호받는 저작물이므로 무단 전재와 무단 복제를 금지하며,
이 책의 전부 또는 일부를 이용하려면 저작권자와 쑬딴스북의 동의를 받아야 합니다.
* 책값은 뒤표지에 있습니다.
* 잘못된 책은 구입하신 서점에서 바꿔 드립니다.